LEVEL 3

사이언스 리더스

# 타이태닉호 최후의 밤

멀리사 스튜어트 지음 | 조은영 옮김

비룡소

멀리사 스튜어트 지음 | 미국의 유니언 대학교에서 생물학을 전공하고, 뉴욕 대학교에서 과학언론학으로 석사 학위를 받았다. 어린이책 편집자로 일하다가 현재는 어린이 과학책 작가로 활동하고 있다.

조은영 옮김 | 어려운 과학책은 쉽게, 쉬운 과학책은 재미있게 옮기려는 과학책 전문 번역가이다. 서울대학교 생물학과를 졸업하고, 같은 대학교 천연물대학원과 미국 조지아대학교에서 석사 학위를 받았다.

### 내셔널지오그래픽 키즈 사이언스 리더스
### LEVEL 3 타이태닉호 최후의 밤

1판 1쇄 찍음 2025년 10월 20일 1판 1쇄 펴냄 2025년 11월 14일
지은이 멀리사 스튜어트 옮긴이 조은영 펴낸이 박상희 편집장 전지선 편집 임현희 디자인 신현수
펴낸곳 (주)비룡소 출판등록 1994.3.17.(제16-849호) 주소 06027 서울시 강남구 도산대로1길 62 강남출판문화센터 4층
전화 02)515-2000 팩스 02)515-2007 홈페이지 www.bir.co.kr 제품명 어린이용 반양장 도서 제조자명 (주)비룡소
제조국명 대한민국 사용연령 3세 이상 ISBN 978-89-491-6963-7 74400 / ISBN 978-89-491-6900-2 74400 (세트)

NATIONAL GEOGRAPHIC KIDS READERS LEVEL 3 TITANIC by Melissa Stewart
Copyright © 2012 National Geographic Partners, LLC.
Korean Edition Copyright © 2025 National Geographic Partners, LLC.
All rights reserved.
NATIONAL GEOGRAPHIC and Yellow Border Design are trademarks of
the National Geographic Society, used under license.
이 책의 한국어판 저작권은 National Geographic Partners, LLC.에 있으며, (주)비룡소에서 번역하여 출간하였습니다.
저작권법에 의해 한국 내에서 보호를 받는 저작물이므로 무단 전재와 무단 복제를 금합니다.

사진 저작권 Cover, Raymond Wong/National Geographic Creative; 1, akg-images; 2, Computer Earth/Shutterstock; 4-5, Ken Marschall; 6, 7 (UP), Emory Kristof/National Geographic Creative; 7 (LO), Cynthia Johnson/Getty Images; 8 (UP LE), public domain; 8 (UP RT), Mary Evans Picture Library; 8 (LO), Universal Images Group/Getty Images; 9, 10-11, 12 (UP LE), Ken Marschall; 12 (UP RT), SSPL/Getty Images; 12 (CTR LE), Hulton–Deutsch Collection/Corbis Historical/Getty Images; 12 (CTR RT), prism68/Shutterstock; 12 (LO LE), public domain; 12 (LO RT), Universal Images Gr/akg-images; 12-13 (background), Rich Carey/Shutterstock; 13 (UP LE), BlueMoon Stock/Superstock; 13 (UP RT), Ken Marschall; 13 (CTR LE), Topical Press Agency/Getty Images; 13 (CTR RT), Zayats Svetlana/Shutterstock; 13 (LO), IvicaNS/Shutterstock; 14, Mary Evans Picture Library/ONSLO; 15 (UP), Underwood & Underwood/Corbis Historical/Getty Images; 15 (CTR & LO), Mary Evans Picture Library; 16-17, Ken Marschall; 17 (UP & CTR), Bettmann/Corbis Historical/Getty Images; 17 (LO), Mary Evans Picture Library; 18, akg-images; 19, Paul Souders/Getty Images; 20, 21 (UP), Mary Evans Picture Library; 21 (LO), 22-23, 25, Ken Marschall; 26, The Titanic Collection/UIG/Bridgeman Images; 27, 28, Ken Marschall; 29, Straus Historical Society; 30-31, Ken Marschall; 32 (UP), National Archives and Records Administration; 32 (LO), National Archives/Mary Evans Picture Library; 33, The Image Works/akg-images; 34 (UP), Bettmann/Corbis Historical/Getty Images; 34 (LO), Time Life Pictures/Mansell/Time Life Pictures/Getty Images; 34-35 (background), SSPL/Getty Images; 35 (LE), Chris Ison/PA Images/Getty Images; 35 (RT), National Maritime Museum, London/The Image Works; 36 (UP), Topical Press Agency/Getty Images; 36 (CTR), Bettmann/Corbis Historical/Getty Images; 36 (LO CTR), celebrity/Alamy; 36 (LO), Titanic Images/Universal Images Group/SuperStock; 37, 20th Century Fox/Paramount/The Kobal Collection/Art Resource, NY; 38, 40-41, Ken Marschall; 42 (UP LE), Mary Evans Picture Library; 42 (UP RT), Bruce Dale/National Geographic Creative; 42 (LO), Ralph White/Corbis; 43, Emory Kristof/National Geographic Creative; 44, Brennan Phillips/Woods Hole Oceanographic Institute; 45 (INSET UP & INSET LO), Emory Kristof/National Geographic Creative; 45, Matthew Polak/Sygma/Corbis Historical/Getty Images; 46 (UP), Ken Marschall; 46 (CTR LE), public domain; 46 (CTR RT), Mary Evans Picture Library/ONSLO; 46 (LO LE & LO RT), Bettmann/Corbis Historical/Getty Images; 47 (UP LE), Paul Souders/Getty Images; 47 (UP RT), Mary Evans Picture Library; 47 (CTR LE), Private Collection/Prismatic Pictures/Bridgeman Images; 47 (CTR RT & LO LE), Ken Marschall; 47 (LO RT), Emory Kristof/National Geographic Creative

# 이 책의 차례

난파선과 바다 밑에 가라앉은 보물 . . . . . . . . . . 4
경이로운 배 . . . . . . . . . . . . . . . . . . . . . . . . . . 8
10가지 타이태닉호 깜짝 정보 . . . . . . . . . . . . . 12
타이태닉호 짓기 . . . . . . . . . . . . . . . . . . . . . . 14
항해의 시작 . . . . . . . . . . . . . . . . . . . . . . . . . 16
타이태닉호의 비극 . . . . . . . . . . . . . . . . . . . . 20
마지막 시간들 . . . . . . . . . . . . . . . . . . . . . . . 28
살아남은 사람들 . . . . . . . . . . . . . . . . . . . . . 32
타이태닉호가 침몰한 진짜 이유 10가지 . . . . . . 38
타이태닉호를 찾다! . . . . . . . . . . . . . . . . . . . 40
타이태닉호의 보물 . . . . . . . . . . . . . . . . . . . . 42
꼭 알아야 할 과학 용어 . . . . . . . . . . . . . . . . . 46
찾아보기 . . . . . . . . . . . . . . . . . . . . . . . . . . . 48

# 난파선과 바다 밑에 가라앉은 보물

**타이태닉호 용어 풀이**

난파선: 바다에서 사고를 당해 부서지거나 가라앉은 배.

깊은 바닷속에 가라앉은 배를 찾는 모험을 꿈꿔 본 적 있어? 배 안에 숨겨진 보물을 찾게 된다면 얼마나 신날까!

그런 일은 꿈이나 영화 속에서만 벌어진다고 생각하니? 그럴 리가! 1985년에 로버트 밸러드는 가라앉은 **난파선** '타이태닉호'를 발견했어.

1985년에 발견된 타이태닉호

그동안 다른 사람들도 난파선을 찾아낸 적이 있었지. 하지만 타이태닉호는 특별했어. 역사를 통틀어 가장 유명한 배 가운데 하나였으니까.

로버트 밸러드의 발견에 전 세계가 흥분했어!

타이태닉호의 뱃머리

1985년, 로버트 밸러드가 이끄는 팀은 타이태닉호의 조각을 처음 찾아냈어. 위 사진은 타이태닉호를 발견한 크노르호에서 연구팀이 함께 기뻐하는 모습이야.

### 생생한 이야기

"우리 팀은 수중 카메라로 며칠 동안 바다 밑바닥을 훑었습니다. 보이는 건 진흙뿐이었어요. 그러던 어느 날 카메라에 갑자기 배의 보일러가 비쳤습니다. 그때 우리는 알았죠. 찾았구나!"

-로버트 밸러드

# 경이로운 배

타이태닉호의 무엇이 그렇게 특별했을까? 1912년에 타이태닉호는 세계에서 가장 거대한 배였어. 그래서 **'경이로운 배'**라고 부르기도 했지.

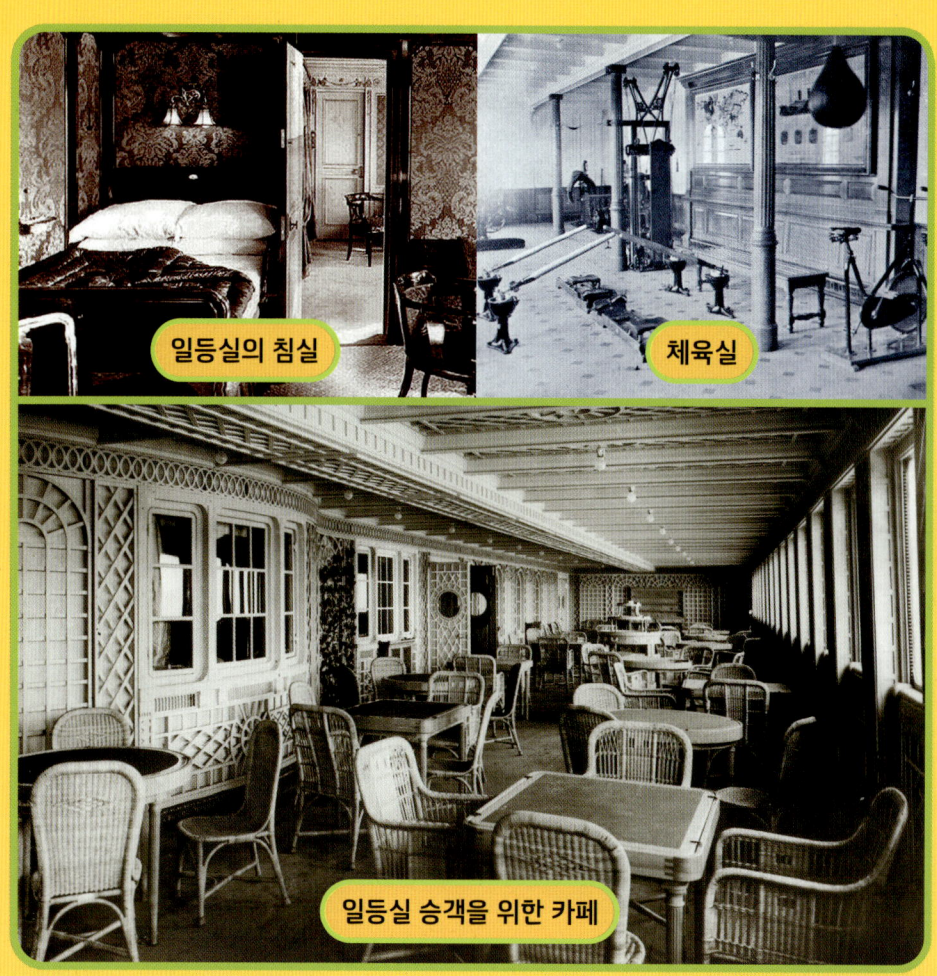

일등실의 침실

체육실

일등실 승객을 위한 카페

천창으로 햇빛이 들었던 중앙 계단

어떤 사람들은 타이태닉호를 '떠다니는 궁전'이라고 불렀어. 좋은 나무로 지어진 이 배에는 크리스털과 금으로 된 조명이 달려 있었어. 커다란 중앙 계단 천장에는 큰 창이 나 있었지. 정말 화려했단다.

**일등실** 손님들은 최고급 식사를 하고 배 안에 있는 체육실과 수영장에서 시간을 보냈어.

**타이태닉호 용어 풀이**

경이롭다: 놀랍고 신기하다.

천창: 지붕에 낸 창문.

일등실: 배에서 가장 좋은 시설을 갖춘 방.

### 타이태닉호 용어 풀이

**갑판**: 큰 배에 나무나 철판으로 깔아 둔 넓은 바닥.
**선체**: 배의 몸 부분.
**망대**: 주위의 위험을 살피기 위해 높이 세운 곳.

타이태닉호는 **갑판** 10개로 층이 나누어져 있었어. 각 층에는 일등실, 이등실, 삼등실 승객들을 위한 공간이 구분되어 있었지.

- 굴뚝
- 배꼬리
- 선체
- 삼등실
- 이등실

## 생생한 이야기

"전기 난방이 되고 분홍색 커튼이 드리운 작고 예쁜 방이 마음에 쏙 들었어요. 벽에는 사진들이 걸려 있고, 레이스로 장식된 아름다운 이불과 분홍색 쿠션까지, 마치 우리 집처럼 아늑했지요."
– 일등실 승객 더프 고든 부인

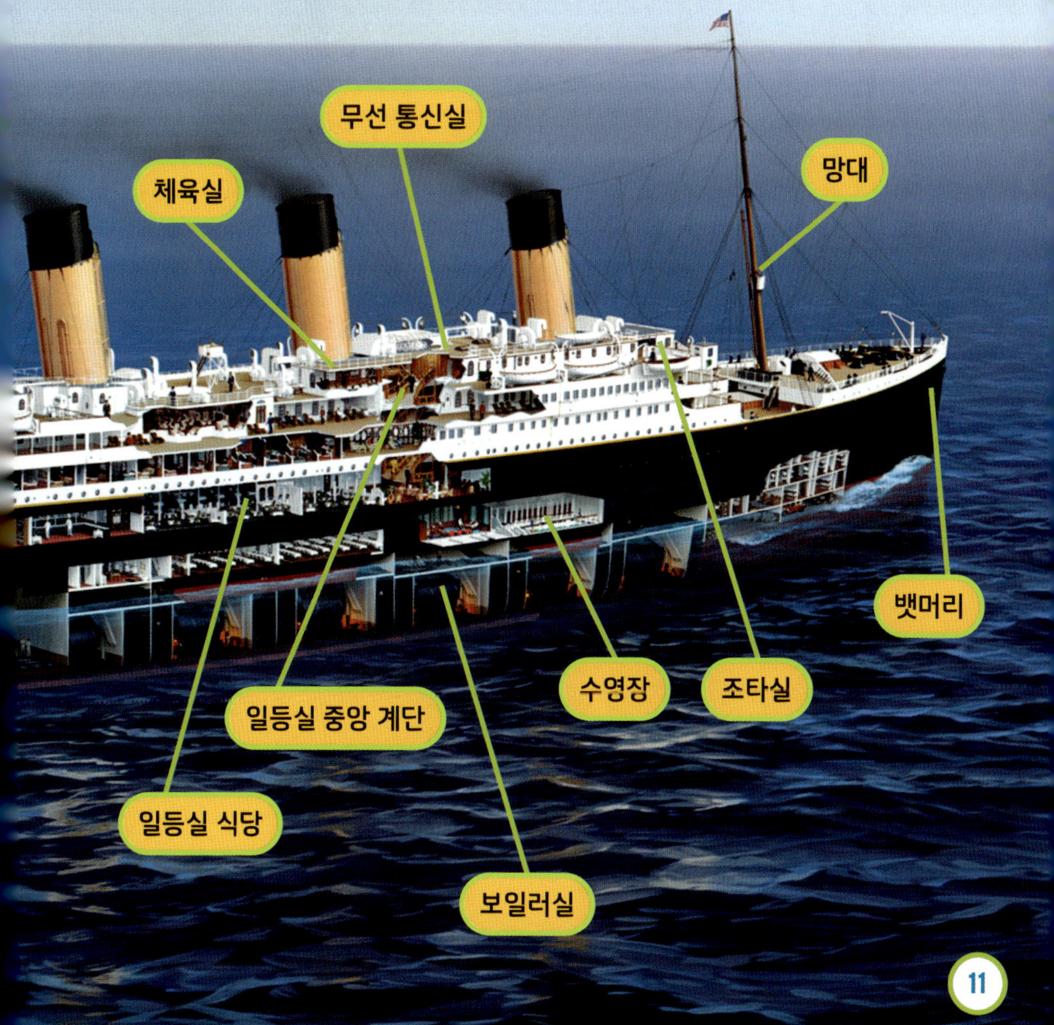

- 체육실
- 무선 통신실
- 망대
- 일등실 식당
- 일등실 중앙 계단
- 보일러실
- 수영장
- 조타실
- 뱃머리

# 10가지 타이태닉호 깜짝 정보

**1** 타이태닉호의 길이는 축구 경기장 2.5개를 합친 것과 비슷했어.

**2** 타이태닉호의 높이를 굴뚝까지 재면 17층짜리 건물보다 높았어.

**3** 타이태닉호는 날마다 800톤이 넘는 석탄을 연료로 태워서 움직였어. 1시간에 최대 43킬로미터를 갈 수 있었지.

**4** 타이태닉호에는 연락을 주고받을 수 있는 전화기가 있었고, 모든 방마다 전기 조명이 있었어.

**5** 타이태닉호에는 엘리베이터 4대, 따뜻한 물로 채워진 수영장, 체육실을 비롯해 도서관과 이발소가 2개씩 있었어.

**6** 승객과 선원들은 요리하고 마시는 데만 매일 5만 3000리터의 물을 썼대.

**7** 타이태닉호에는 커다란 굴뚝 4개가 있었어. 그런데 보일러에서 나오는 연기와 증기는 굴뚝 3개에서만 빠져나갔지. 나머지 하나는 배를 더 멋지게 보이려고 만든 가짜였거든!

**8** 타이태닉호는 최대 3547명을 실어 나를 수 있었어. 첫 여행에 약 2200명이 탔지.

**9** 타이태닉호를 타려고 지금으로 치면 9만 9000달러(약 1억 4000만 원)나 되는 돈을 낸 사람도 있었어.

**10** 타이태닉호에는 승객과 직원이 먹을 고기 3만 9000킬로그램, 달걀 4만 개, 감자 40톤, 양상추 7000통, 양파 1590킬로그램, 사과 3만 6000개, 빵 1000덩이가 실려 있었어.

# 타이태닉호 짓기

1910년 영국의 북아일랜드에서 타이태닉호를 짓고 있는 모습

**타이태닉호 용어 풀이**

비극: 몹시 슬프고 끔찍한 일.

선박: 모든 종류의 배.

조선: 배를 설계하고 만들거나 고치는 일.

항해: 배를 타고 바다 위를 다니는 것.

타이태닉호의 **비극**적인 이야기는 1907년에 시작해. 영국의 **선박** 회사인 화이트스타라인의 J. 브루스 이즈메이와 **조선** 회사 할랜드앤울프의 윌리엄 J. 피리는 거대한 배 세 척을 함께 만들기로 했어. 그중 하나가 타이태닉호였지.

화이트스타라인 회장
J. 브루스 이즈메이

1909년, 설계를 맡은 토머스 앤드루스의 지휘 아래 영국 북아일랜드의 벨파스트에서 타이태닉호가 지어지기 시작했어. 1912년 3월 31일에 배가 완성됐지.

할랜드앤울프 회장
윌리엄 J. 피리

1912년 이른 4월, 타이태닉호는 영국의 사우샘프턴으로 이동했어. 이곳에서 선원 900명이 일주일 동안 첫 **항해**를 준비했지.

할랜드앤울프 설계 책임자
토머스 앤드루스

# 항해의 시작

영국 사우샘프턴으로 이동한 타이태닉호

백만장자 부동산 사업가
존 제이컵 애스터 4세

광산 사업으로 부자가 된
벤저민 구겐하임

미국 메이시스 백화점 사장
이시도르 스트라우스

1912년 4월 10일, 영국을 떠난 타이태닉호에는 많은 사람들이 타고 있었어. 그중에는 화이트스타라인의 회장 J. 브루스 이즈메이와 타이태닉호를 설계한 토머스 앤드루스, 그리고 세계에서 제일가는 부자들도 있었어.

타이태닉호에는 여행을 하려는 승객들과 더 나은 삶을 꿈꾸며 미국으로 향한 가난한 **이민자**들도 많았어.

### 타이태닉호 용어 풀이
광산: 땅속에서 철, 석탄, 금 같은 광물을 캐내는 일.
이민자: 자기 나라를 떠나 다른 나라에서 사는 사람.

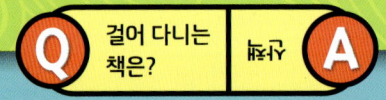

항해를 시작하고 며칠 동안 승객들은 휴가를 온 기분이었어. 갑판을 거닐거나 카드놀이를 하며 여유를 즐기고, 배에서 요리해 주는 고급스러운 음식을 먹으며 호화롭게 지냈지.

하지만 1912년 4월 14일 일요일, 상황이 완전히 달라졌어. 타이태닉호가 빙산이 많이 모여 있는 길목에 들어선 거야. 북대서양의 '**빙산 골목**'이라고 불리는 곳이었지.

타이태닉호의 갑판에서 산책하는 승객들

# 타이태닉호의 비극

타이태닉호가 파도치는 바다를 최고 속도로 가로지르는 동안 주변의 다른 배들이 빙산을 경고하는 연락을 아홉 번이나 보냈어. 하지만 연락을 담당하는 **무선 통신** 선원 잭 필립스와 해럴드 브라이드는 승객들의 연락을 전달하느라 바빴지. 그들은 모든 경고를 **조타실**에 다 전달하지는 않았어.

**타이태닉호 용어 풀이**
무선 통신: 전선 없이 연락하는 방법.
조타실: 배를 조종하는 장치인 키가 있는 방.

타이태닉호의 무선 통신실과 비슷한 모습의 통신실

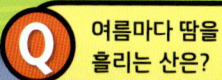 

에드워드 J. 스미스 선장은 이날 낮에 받은 경고들을 귀담아듣지 않았던 것 같아. 그러다가 저녁 식사 전에야 마침내 배를 남쪽으로 틀었지. 하지만 속도는 늦추지 않았어.

에드워드 J. 스미스는 오랫동안 배를 몰아 온 뛰어난 선장이었어. 타이태닉호 항해를 마지막으로 이 일을 그만두려고 했지. 하지만 결국 이 배와 함께 영원히 가라앉고 말았어.

해가 지고, 달빛 없는 밤하늘에는 별들이 밝게
빛났어. 공기는 살을 엘 듯이 차가웠고, 수면은
유리처럼 매끄러웠지.

막 자정이 되기 전, 타이태닉호의 망대에 올라가
주위를 살피던 선원 프레더릭 플리트가 물 위에서
크고 시커먼 무언가를 보았어.

많은 사람이 흔히 타이태닉호를
'침몰하지 않는 배'라고
불렀어. 하지만 실제로 배를
만든 사람들은 한 번도 그런
말을 한 적이 없대.

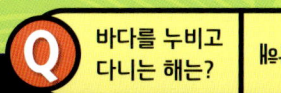 

플리트는 비상벨을 세 번 울리면서 소리쳤어.
"저 앞에 빙산이 있습니다!"

그 소리를 듣자마자 일등 **항해사** 윌리엄 머독이 재빨리 움직였어. 그는 선원들에게 배가 빙산에 부딪치지 않도록 속도를 줄이고 방향을 왼쪽으로 돌리라고 명령했어. 그러고 나서 **방수 격벽**을 닫는 손잡이를 당겼어. 배에 물이 들어오는 것을 막기 위해서였지.

하지만 이미 늦어 버렸어.

### 타이태닉호 용어 풀이

**침몰**: 물속에 가라앉음.

**항해사**: 선장을 도와 배를 조종하는 선원.

**방수 격벽**: 부서진 배로 물이 들어오는 것을 막기 위해 배 안에 지은 벽. 타이태닉호에는 격벽을 세워 만든 방 16칸이 있었다.

승객들은 대부분 자고 있어서 배가 빙산에 긁히는 줄도 몰랐어. 잠에서 깼을 때는 이미 배가 크게 부서진 뒤였지.

스미스 선장과 토머스 앤드루스는 서둘러 갑판 아래로 내려갔어. 앤드루스는 바닷물이 배 안으로 밀려 들어오는 속도를 보고 타이태닉호가 2시간도 채 버티지 못하고 침몰할 거라고 계산했지.

### 비극적인 운명

배가 빙산에 부딪친 뒤 10분 만에 앞쪽 방수 격실 5개에 물이 4미터 높이로 가득 찼어. 방수 격실은 배에 물이 들어와도 가라앉지 않게 만든 방이야. 타이태닉호에는 총 16개의 방수 격실이 있었는데 그중 4개에만 물이 찼더라면 배가 계속 항해할 수 있었어. 하지만 5개에 물이 차는 순간, 타이태닉호의 비극적인 운명이 정해졌지.

### 깜짝 과학 발견

빙산을 피하려고 급히 방향을 트는 바람에 배의 오른쪽 면이 빙산을 긁으면서 지나갔어. 이때 타이태닉호에는 약 100미터의 긴 틈이 생겼지.

타이태닉호의 방수 격실에
물이 차오르는 모습

방수 격실

스미스 선장은 타이태닉호에 총 1178명을 태울 만큼의 구명보트가 있다는 걸 알고 있었어. 하지만 그 구명보트로는 승객과 선원을 절반밖에 태울 수 없었지. 도움을 줄 다른 배가 제때 오지 않으면 많은 사람이 죽을 게 뻔했어.

그는 무선 통신실로 달려가서 필립스와 브라이드에게 어서 구조 요청 신호를 보내라고 지시했어. 카르파티아호가 이 신호에 가장 먼저 응답했지만, 93킬로미터나 떨어져 있었어. 타이태닉호까지 4시간이나 걸리는 거리였지.

타이태닉호가 보낸 구조 요청 기록

**Q** 구명보트는 몇 명을 태우고 싶어 할까? **A** 읍6

타이태닉호는 하늘에 구조 신호탄을 쏘았어. 배에서 약 16킬로미터 떨어진 곳에서도 볼 수 있는 불빛이었지. 하지만 응답은 돌아오지 않았어.

**깜짝 과학 발견**

처음 타이태닉호를 설계할 때는 구명보트를 64척 실으려고 했어. 하지만 결국 20척만 실었지. 갑판에 구명보트를 놓는 대신, 일등실 승객들이 여유롭게 산책할 수 있는 공간을 넓혔던 거야.

# 마지막 시간들

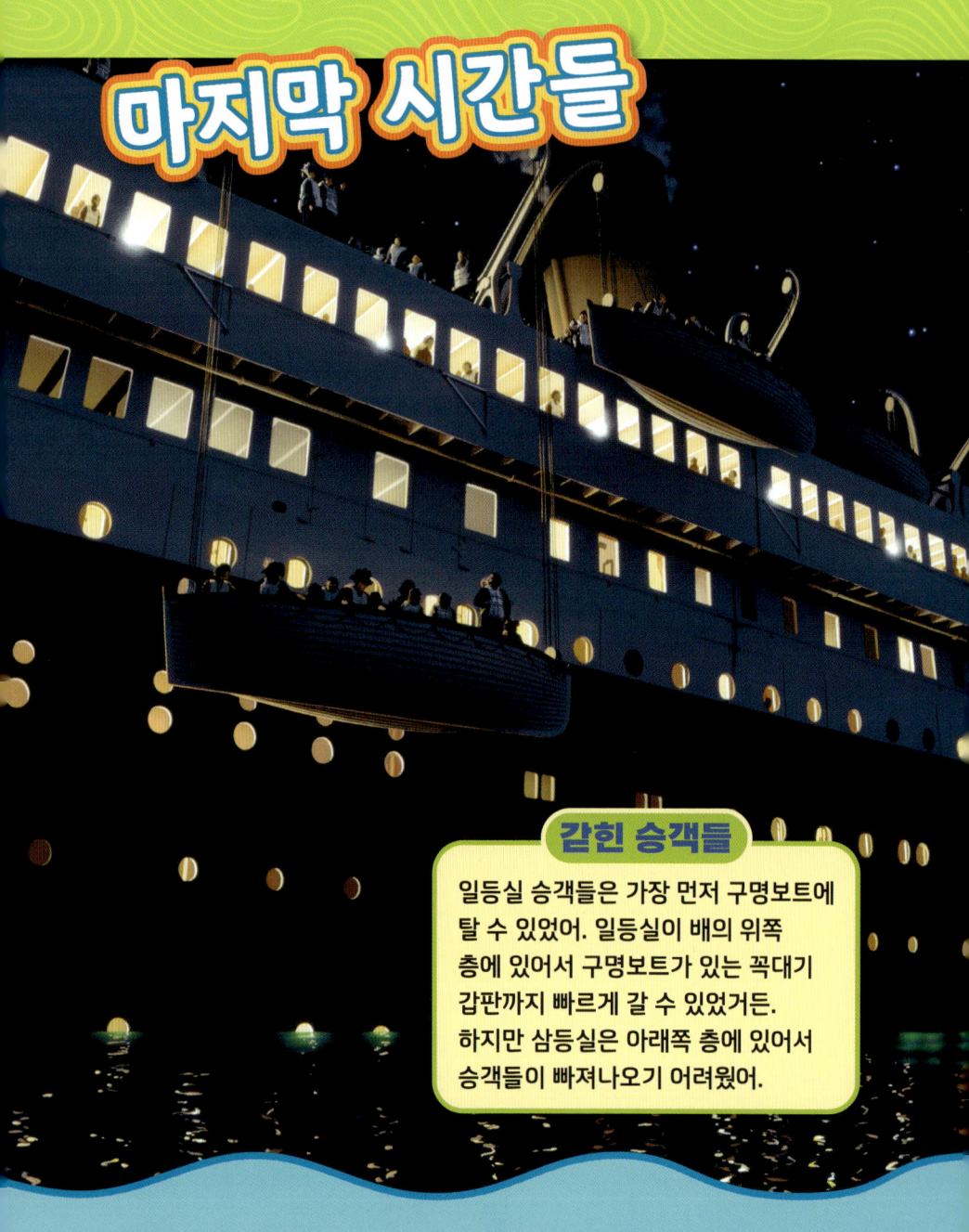

### 갇힌 승객들

일등실 승객들은 가장 먼저 구명보트에 탈 수 있었어. 일등실이 배의 위쪽 층에 있어서 구명보트가 있는 꼭대기 갑판까지 빠르게 갈 수 있었거든. 하지만 삼등실은 아래쪽 층에 있어서 승객들이 빠져나오기 어려웠어.

### 오전 12시 25분

승객들이 '여성과 어린이 먼저'라는 구호에 따라 구명보트에 오르기 시작하다.

### 12시 45분

첫 번째 구명보트가 바다로 내려지다. 자리 65개 중 고작 28개를 채우다.

### 생생한 이야기

"우리는 오랜 세월을 같이 보냈어요. 당신이 가는 곳에는 저도 갑니다. 시작을 함께했으니 마지막도 함께하겠어요."

-아이다 스트라우스 부인
구명보트에 타는 대신 죽기로 결심하며 남편에게 한 말로 전해진다.

오전 12시 25분에 첫 구명보트가 준비되었어. 하지만 많은 사람들이 보트에 타기를 꺼렸어. 두려웠던 거야. 사람들은 이 '경이로운 배'가 곧 가라앉는다는 사실을 받아들이지 못했거든.

선원들은 구명보트를 다 내리기도 전에 배가 가라앉을까 봐 걱정했어. 그래서 어떤 보트는 자리를 절반도 채우지 않은 채 내려보냈어.

**1시 15분**
타이태닉호가 뱃머리부터 가라앉기 시작하다. 구명보트들을 다 채워서 내려보내다.

**2시 5분**
마지막 구명보트가 바다로 내려지다.

**2시 17분**
타이태닉호에 실린 물건들이 기울어진 뱃머리 쪽에 부딪쳐 큰 소리가 나다.

마지막 구명보트가 바다로 내려졌을 때 침몰하는 배에 남겨진 사람은 1500명도 넘었어.

배가 기울어지자 수백 명이 차디찬 바닷속으로 떨어졌지. 어떤 사람들은 배가 파도 밑으로 잠기는 순간까지 배에 매달렸어.

구명보트에 탄 사람들은 물속에서 도움을 구하는 이들의 절박한 비명에 괴로워했어. 하지만 곧 그 소리마저 잠잠해졌단다.

### 생생한 이야기

"갑자기 모든 조명이 꺼지더니 배꼬리가 서서히 물 위로 올라왔어요. 그러고는 배가 순식간에 대서양의 차가운 물속으로 미끄러지듯 잠겨 들어갔습니다."
- 이등 항해사 허버트 라이톨러

**오전 2시 18분**
배의 조명이 모두 꺼지고 배가 두 동강 나다. 뱃머리부터 가라앉기 시작하다.

**2시 20분**
배꼬리마저 잠기면서 수백 명이 차가운 물속에 내던져지다.

### 얼음장 같은 물

타이태닉호가 물속에 모습을 감춘 뒤에도 물에 빠진 수백 명은 살아남으려고 발버둥 쳤어. 그날 밤 바닷물은 영하 2도였지. 물속에 15분만 있어도 목숨을 잃을 수 있었어.

**3시**
몇몇 구명보트가 살아남은 사람을 찾아 나서다. 13명을 구조하다.

**3시 30분**
멀리서 신호탄 불빛이 보이다. 카르파티아호가 다가오다!

# 살아남은 사람들

카르파티아호로 이동하는 구명보트

구명보트에 탄 많은 사람이 잠옷 차림이었어. 끔찍한 추위 속에서 떨고 있던 이들에게 몇 시간 만에 카르파티아호가 기적처럼 나타났지.

카르파티아호 선장 아서 로스트론

카르파티아호에 오른 생존자들

**타이태닉호 용어 풀이**
생존자: 재난이나 사고에서 살아남은 사람.

카르파티아호의 선원들은 **생존자**들을 위한 옷과 담요, 따뜻한 음식을 넉넉히 준비해 두었어. 그들은 재빨리 구명보트에서 추위에 떠는 사람들을 구조했지.

1912년 4월 15일 월요일 오전 9시, 카르파티아호는 생존자 705명을 싣고 미국의 뉴욕으로 향했어.

**사고 조심!**
타이태닉호 침몰 사고 이후, 모든 선박은 배에 탄 사람 수에 맞춰 구명보트를 갖춰야 했어. 국제 빙산 순찰대도 만들어졌지. 위험한 빙산을 찾아 근처 배에 경고해 주었어.

### 진정한 영웅, 마거릿 브라운

타이태닉호의 생존자 중 한 명이야. 일등실 승객이었던 브라운은 사람들이 구명보트에 오르는 것을 도왔어. 구명보트에 탄 뒤에는 물에 빠진 사람들을 구해야 한다고 외쳤지. 카르파티아호로 갈 때는 사람들과 번갈아 직접 노를 저었다고 전해져.

### 꼼꼼한 관찰자, 잭 세이어

일등실 승객이었지만 어린이가 아니라 17세여서 구명보트에 탈 수 없었어. 배가 침몰할 때 물에 뛰어든 세이어는 뒤집힌 구명보트에 올라타 목숨을 건졌지. 그는 1940년에 타이태닉호에서 겪은 일을 생생한 글로 남겼어. 로버트 밸러드가 이 기록을 보며 타이태닉호를 찾아다녔대.

### 성실한 선원, 해럴드 브라이드

무선 통신원으로서 마지막 순간까지 자기 자리를 지키다가 배에서 뛰어내렸어. 그는 가까스로 잭 세이어와 같은 뒤집힌 구명보트에 올라 살 수 있었지. 이후 발에 심한 동상이 걸려 고생하면서도 카르파티아호의 무선 통신원을 도와 생존한 사람들의 명단과 소식을 전했어.

### 가장 어린 생존자, 밀비나 딘

삼등실 승객으로, 타이태닉호에 탔던 사람 가운데 가장 어렸어. 태어난 지 세 달밖에 안 되었던 딘은 두 살짜리 오빠, 어머니랑 같이 구명보트에 올랐지. 하지만 아버지는 배와 함께 가라앉고 말았어. 가장 어린 생존자였던 딘마저 2009년에 세상을 떠났어.

선박 회사 화이트스타라인의 깃발

## 목숨을 잃은 사람들

### 일등실
승객 총 329명 가운데
199명 생존, 130명 사망.
**40퍼센트 사망**

### 이등실
승객 총 285명 가운데
119명 생존, 166명 사망.
**58퍼센트 사망**

### 삼등실
승객 총 715명 가운데
179명 생존, 536명 사망.
**75퍼센트 사망**

### 선원
총 899명 가운데
214명 생존, 685명 사망.
**76퍼센트 사망**

사고 소식은 빠르게 퍼졌어. 아무도 선뜻 믿지 않았지. 절대 가라앉지 않을 거라 일컬어지던 배가 파도 밑으로 사라져 버리고, 1500명이 넘는 승객과 선원들이 끔찍한 죽음을 맞았으니까.

타이태닉호는 비극적인 결말 때문에 더 유명해졌어. 수십 년 동안 수많은 책과 영화, 노래, 뮤지컬이 그날의 충격적인 이야기를 다시 들려주었지. 타이태닉호는 오래전에 사라졌지만, 배에 대한 사람들의 관심은 여전히 뜨거워.

영화 「타이타닉」의 두 주인공

1997년 영화 「타이타닉」은 전 세계적으로 큰 인기를 끌었어. 개봉한 지 2년 만에 약 20억 달러(약 2조 8000억 원)를 벌어들였고, 세계적인 영화 시상식인 아카데미에서 작품상을 비롯해 상 11개를 휩쓸었어.

# 타이태닉호가 침몰한 진짜 이유 10가지

북대서양 한가운데 있었던 거대한 빙산은 타이태닉호를 침몰시킨 가장 결정적인 이유로 꼽혀. 하지만 그날 밤 그렇게 많은 사람이 목숨을 잃은 이유가 빙산 때문만은 아니었어.

타이태닉호 중앙 계단으로 바닷물이 들이치는 장면

**1** 타이태닉호는 원래 구명보트 64척을 싣도록 설계했지만 20척만 실었어. 일등실 승객들이 갑판을 더 넓게 쓰게끔 하려던 거야. 이 때문에 1000명 넘는 사람들이 가라앉는 배에 갇혀 버렸지.

**2** 타이태닉호는 배 안을 넓고 화려하게 꾸미려고 설계보다 방수 격벽의 높이를 낮췄어. 이 벽이 더 높았다면 배는 훨씬 천천히 가라앉았을 거야.

**3** 타이태닉호의 뱃머리는 배의 옆면보다 훨씬 튼튼했어. 만약 빙산에 정면으로 부딪쳤다면 배는 가라앉지 않았을지도 몰라.

**4** 타이태닉호가 빙산에 긁힐 때 배 옆면의 금속판을 잡아 주던 못 같은 부품이 부서졌어. 그 바람에 배가 갈라지면서 바닷물이 곧장 들어왔지.

**5** 타이태닉호의 첫 항해는 원래 1912년 3월 20일이었어. 계획대로 이날 출발했다면 배를 침몰시킨 빙산은 그 자리에 없었을 거야.

**6** 1912년 4월 14일은 바다가 유난히 잠잠했어. 파도가 쳤다면 빙산을 알아보기가 더 쉬웠을 텐데 말이야.

**7** 타이태닉호의 망대를 지키던 프레더릭 플리트는 망원경이 없어서 맨눈으로 빙산을 찾아야 했어.

**8** 잭 필립스와 해럴드 브라이드는 무전기 회사의 직원이었어. 그들이 선박 회사에서 일해 봤다면 빙산에 대한 경고가 얼마나 심각한 일인지 바로 알았을 거야.

**9** 스미스 선장은 경고를 듣고도 방향을 트는 결정을 미뤘어. 더 일찍 명령을 내렸다면 배는 빙산을 향해 가지 않았겠지.

**10** 캘리포니아호가 타이태닉호에서 16킬로미터 정도 떨어진 곳에 있었어. 그날 밤 이 배의 무선 통신 장치가 켜져 있었다면 타이태닉호가 가라앉기 전에 더 많은 사람을 구할 수 있었을 거야.

# 타이태닉호를 찾다!

타이태닉호가 가라앉은 뒤로 70년이 넘도록 이 배를 본 사람은 없었어. 많은 사람들이 타이태닉호를 찾으려고 애썼지만 모두 실패했지.

**타이태닉호 용어 풀이**
탐사: 알려지지 않은 사물이나 사실을 샅샅이 조사하는 일.

**깜짝 과학 발견**
타이태닉호는 마지막으로 있었던 장소에서 21킬로미터나 떨어진 곳에서 발견되었어. 배를 찾기가 어려웠을 수밖에.

그런데 1985년에 모든 게 달라졌어. 로버트 밸러드가 아르고라는 새로운 잠수 로봇을 이용해 타이태닉호가 가라앉을 때 부서진 조각을 발견했거든. 이 흔적을 따라가 마침내 배를 찾아낸 거야!

1986년에 밸러드는 작은 잠수함을 타고 이 난파선으로 향했어. 잠수함은 타이태닉호 갑판에 내려앉았고, 그는 로봇 J.J.를 보내 배 안을 **탐사**했지.

로버트 밸러드는 로봇 J.J.를 '수영하는 눈알'이라고 불렀어.

# 타이태닉호의 보물

타이태닉호가 발견된 뒤로 과학자와 탐사대가 바다 밑으로 들어가 배를 조사하기 시작했어. 모두 이 유명한 배를 궁금해했지. 탐사대는 배에 남아 있던 물건들을 조심조심 챙겨 나왔어. 지금까지 타이태닉호에서 꺼낸 물건이 6000개가 넘는대.

타이태닉호에 있던 신발

### 가져갈까 말까?

로버트 밸러드는 타이태닉호를 그대로 두어야 한다고 말했어. 배 안의 접시, 램프 등을 꺼내는 것은 무덤 속 물건을 훔치는 일과 같다는 거야.

바닷속에서 시체와 옷 등은 빨리 썩어. 하지만 신발은 그렇지 않아. 이 신발은 타이태닉호에서 눈을 감은 누군가의 마지막 흔적이야.

**Q** 세상에서 가장 비싼 물은? **A** 눈물

고드름 모양의 녹 덩어리가 타이태닉호 일등실을 뒤덮었어.

시간이 흐르면서 바닷속 작은 생물들 때문에 타이태닉호가 점점 망가졌어. 오늘날 타이태닉호는 갈색 고드름 모양의 **녹**으로 온통 뒤덮여 있어. 배의 철과 강철을 **부식**시킨 **박테리아**와 **곰팡이** 때문에 생겨난 거야.

### 타이태닉호 용어 풀이

**녹**: 산소와 물기가 있는 환경에서 철 겉면에 생기는 붉거나 검푸른 물질.

**부식**: 금속이 물이나 공기에 닿아 점점 상하고 약해지는 일.

**박테리아**: 눈에 보이지 않는 아주 작은 생물.

**곰팡이**: 어둡고 축축한 곳에서 자라는 아주 작은 생물.

이런 잠수함들이 난파된 타이태닉호를 조사해 입체 모형을 만드는 데 도움을 주었어.

**왜 그럴까?**

과학자들은 왜 타이태닉호의 입체 모형을 만들어 냈을까? 언젠가는 이 경이로운 배가 흔적도 없이 사라지게 되기 때문이야.

2010년에 과학자들은 20일 동안 깊은 바닷속으로 내려가 타이태닉호의 모든 부분을 사진과 영상으로 남겼어. 타이태닉호의 구조와 난파된 현장을 빠짐없이 기록하기 위해서였지. 그 뒤 2023년에는 타이태닉호의 최근 모습이 생생한 입체 모형으로 발표되기도 했어.

과학자들은 타이태닉호와 같은 비극을 되풀이하지 않기 위해 이 배를 계속 연구하고 있어.

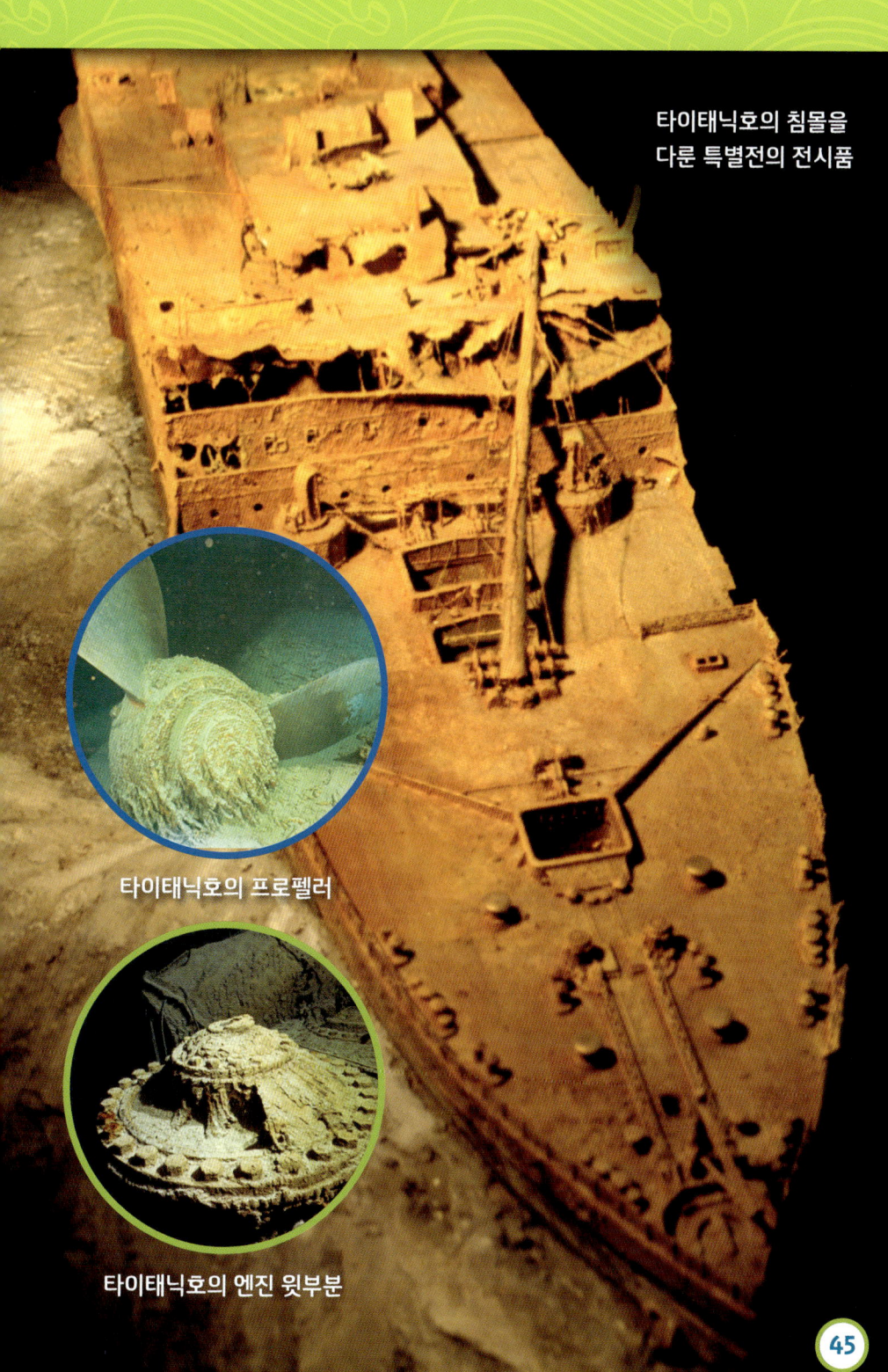

타이태닉호의 침몰을 다룬 특별전의 전시품

타이태닉호의 프로펠러

타이태닉호의 엔진 윗부분

# 꼭 알아야 할 과학 용어

난파선: 바다에서 사고를 당해 부서지거나 가라앉은 배.

일등실: 배에서 가장 좋은 시설을 갖춘 방.

조선: 배를 설계하고 만들거나 고치는 일.

항해: 배를 타고 바다 위를 다니는 것.

이민자: 자기 나라를 떠나 다른 나라에서 사는 사람.

빙산: 바다에 떠 있는 커다란 얼음덩어리.

무선 통신: 전선 없이 연락하는 방법.

조타실: 배를 조종하는 장치인 키가 있는 방.

침몰: 물속에 가라앉음.

방수 격벽: 부서진 배로 물이 들어오지 않게 배 안에 세운 벽.

녹: 산소와 물기가 있는 환경에서 철 겉면에 생기는 붉거나 검푸른 물질.

# 찾아보기

**ㄱ**
갑판 10, 18, 24, 27, 28, 39, 41
곰팡이 43
구명보트 26-35, 39
굴뚝 10, 12, 13

**ㄴ**
난방 11
난파선 4-6, 41
녹 43

**ㄷ**
도서관 12

**ㄹ**
로봇 41

**ㅁ**
망대 10, 11, 22, 39
망원경 39
무선 통신 20, 39
무선 통신실 11, 20, 26

**ㅂ**
박테리아 43
방수 격벽 23, 39
배꼬리 10, 30
뱃머리 6, 11, 29, 30, 39
보일러 7, 13
빙산 18-20, 23, 24, 33, 36, 38, 39

**ㅅ**
삼등실 10, 28, 35
생존자 33-35
선박 14, 15, 33, 35, 39
선체 10
수영장 9, 11, 12
식당 11

**ㅇ**
엘리베이터 12
영화 5, 37
이등실 10, 35
이민자 17
이발소 12
일등실 8-11, 27, 28, 34, 35, 39, 43

**ㅈ**
잠수함 41, 44
전기 11, 12
조명 9, 12, 30
조선 14, 15
조타실 11, 20
중앙 계단 9, 11, 38

**ㅊ**
천창 9
체육실 8, 9, 11, 12
침실 8

**ㅋ**
카르파티아호 26, 31-34, 36
카페 8
캘리포니아호 39

**ㅎ**
항해 14, 15, 18, 21, 24, 39
항해사 23, 30